Hans Børli

We Own the Forest and other Poems

Some other books from Norvik Press

Jens Bjørneboe: *Moment of Freedom* (translated by Esther Greenleaf Mürer)
Jens Bjørneboe: *Powderhouse* (translated by Esther Greenleaf Mürer)
Jens Bjørneboe: *The Silence* (translated by Esther Greenleaf Mürer)
Kerstin Ekman: *Witches' Rings* (translated by Linda Schenck)
Kerstin Ekman: *The Spring* (translated by Linda Schenck)
Kerstin Ekman: *The Angel House* (translated by Sarah Death)
Kerstin Ekman: *City of Light* (translated by Linda Schenck)
Arne Garborg: *The Making of Daniel Braut* (translated by Marie Wells)
Svava Jakobsdóttir: *Gunnlöth's Tale* (translated by Oliver Watts)
P. C. Jersild: *A Living Soul* (translated by Rika Lesser)
Selma Lagerlöf: *Lord Arne's Silver* (translated by Sarah Death)
Selma Lagerlöf: *The Löwensköld Ring* (translated by Linda Schenck)
Selma Lagerlöf: *The Phantom Carriage* (translated by Peter Graves)
Viivi Luik: *The Beauty of History* (translated by Hildi Hawkins)
Henry Parland: *To Pieces* (translated by Dinah Cannell)
Amalie Skram: *Lucie* (translated by Katherine Hanson and Judith Messick)
Amalie Skram: *Fru Inés* (translated by Katherine Hanson and Judith Messick)
Hjalmar Söderberg: *Martin Birck's Youth* (translated by Tom Ellett)
Hjalmar Söderberg: *Selected Stories* (translated by Carl Lofmark)
August Strindberg: *Tschandala* (translated by Peter Graves)
August Strindberg: *The Red Room* (translated by Peter Graves)
August Strindberg: *The People of Hemsö* (translated by Peter Graves)
August Strindberg: *Strindberg's One-Act Plays* (Translated by Agnes Broomé, Anna Holmwood, John K Mitchinson, Mathelinda Nabugodi, Anna Tebelius and Nichola Smalley)
August Strindberg: *The Defence of a Madman* (translated by Carol Sanders and Janet Garton)
Anton Tammsaare: *The Misadventures of the New Satan* (translated by Olga Shartze and Christopher Moseley)
Kirsten Thorup: *The God of Chance* (translated by Janet Garton)
Elin Wägner: *Penwoman* (translated by Sarah Death)

Hans Børli

We Own the Forest
and other Poems

Parallel Norwegian and English text

English translations and introduction by
Louis Muinzer

Norvik Press
2015

This translation © Louis Muinzer 2004.

The translator's moral right to be identified as the translator of the work has been asserted.

Norvik Press Series B: English Translations of Scandinavian Literature: No.66

A catalogue record for this book is available from the British Library.

ISBN: 978-1-909408-20-3

First published in 2005 by Norvik Press. Reprinted in 2007. This edition 2015.

Norvik Press gratefully acknowledges the financial assistance given by NORLA (Norwegian Literature Abroad, Fiction) for the translation of this book.

The editors are grateful to the Hans Børli Society for their support of the publication of this volume, and to Aschehoug & Co. (Oslo) for permission to reproduce the original Norwegian text of Hans Børli's poems. They are taken from Aschehoug's edition of Børli's *Samlede dikt* (1995, Collected Work).

Norvik Press
Department of Scandinavian Studies
University College London
Gower Street
London WC1E 6BT
United Kingdom
Website: www.norvikpress.com
E-mail address: norvik.press@ucl.ac.uk

Managing editors: Sarah Death, Helena Forsås-Scott, Janet Garton, C. Claire Thomson.
Editorial Assistant: Elettra Carbone
Production Assistant: Marita Fraser

Cover design: Marita Fraser

Contents

Introduction — 9

The Poems
The Pitch-pine Fire / Tyrielden — 16
Gethsemane / Getsemane — 20
Midsummer Night / Jonsoknatt — 22
Whispers in the Cotton Grass / Sus i myrull — 26
I Like Bad Weather / Jeg liker uvær — 28
The Words / Ordene — 32
White Anemone / Kvitveis — 34
The White Burden / Den kvite børa — 36
We Own the Forests / Vi eier skogene — 38
There Are Moments / Det finnes — 42
The Forests' Song / Skogenes sang — 44
Distance / Avstand — 48
Have You Listened to the Rivers in the Night? / Har du lyttet til elvene om natta? — 50
June Evening / Junikveld — 52
When the People Have Gone Home / Når menneskene er gått heim — 54
Beyond / Forbi — 58
The Little Flute / Den lille fløyten — 60
The Lady Wanderer / Vandrersken — 62
Bog Cotton on the Lomtjenne Bogs / Myrulla på Lomtjennmyrene — 64
Inscription / Innskrift — 66
Splinters of a Broken Mirror: 3. Gethsemane / Splinter av et knust speil: 3. Getsemane — 68
Louis Armstrong / Louis Armstrong — 70

The White Bird / Kvitfuglen	74
Rock Salt / Saltstein	76
Makeba Is Singing / Makeba synger	78
The Well Outside Nahor's City / Brønnen utenfor Nachors stad	82
The Moose Heart / Elghjertet	90
The Great Forests / De store skogene	92
A Face / Et ansikt	94
Candlemas / Kyndelsmesse	96
After Auschwitz / Etter Auschwitz	98
Nocturne / Nocturne	100
Memories / Minnene	102
Wrist-warmers / Pulsvotter	104
One Thing's Necessary / Ett er nødvendig	106
Crow / Kråke	108
Starflowers / Skogstjerner	110
Insects: 1. Ladybird / Insekter: 1. Marihøne	112
Report from the Grass Roots / Rapport fra grasrota	114
For a Young Girl / Til ei ungjente	116
Poetry / Diktet	118
The Day Is a Letter / Dagen er et brev	120
The Tree That Grows Upside Down / Treet som vekser opp-ned	122
Wall of Shame / Skammens mur	124
Woodcutter / Tømmerhogger	126
Old Woodsman / Gammel skogskar	128
On Eternity's Tablets / På evighetens tavler	132
The Forest Rustling (1) / Skogsuset (1)	134
Sunrain / Solregn	136
Bullfinch / Dompap	138
The Crow / Kråka	140
A Moment of Stars / Stjernestund	142
Autumn Night in the Mountain Woods / Høstnatt	144

på Fjellskogen
Crane Cry / Traneskrik 146
Growing Old / Å bli gammel 148
Writing Poetry / Å skrive dikt 150
Hymn to Sundown / Hymne til solnedgangen 152
It Is One of Those Nights / Det er ei slik natt 154
Loneliness / Ensomhet 156

Introduction

A quarter of a century ago, the Norwgian poet Harald Sverdrup introduced me to a remarkable countryman of his by giving me a small book of poetry that Harald himself had edited. The man's name was Hans Børli, and on the flyleaf of the book Harald told me who he was. Børli, he said, was a timber worker or lumberjack, who wrote poetry at night while the other forest workers slept, exhausted after their day's work. He had been doing so since he was a young boy. Now, years later, I can add that he continued writing until his death at the age of sventy-one. Today, Hans Børli is one of Norway's best-known modern poets. He is the subject of books, articles, lectures and seminars, the scholarly output of many devoted scholars. Having read and reflected on Børli's poetry for many years now, however, I really wonder how much we need to know about him that was not written long ago on the flyleaf of my book. Hans Børli was a forester who wrote poetry.

Hans Børli (1918-1989) was born in Eidskog not far from the large town of Kongsvinger in Hedmark, southeastern Norway. The district is a very 'Scandinavian' one, lying next to the Swedish border and being the home of Finnish settlers since the early seventeenth century. This, in fact, is the locale of Norway's Finnish Forest (Finnskogen), a lonely world of trees and lakes and appealing people. In the first poem of this collection, 'The Pitchpine Fire' (p.16), the poet suggests his familiarity with the immigrant tradition with his allusion to the *Kalevala*, Finland's national epic, which spins its own verbal web over a kindred landscape. The wooded world of Finnskogen was to be Børli's lifelong home both as a timber man and a poet.

At first thought, the two-part nature of Hans Børli's life might suggest a man who sought to escape in his writing from the reality of his life. That analysis, however, is anything but the truth. Once asked by a friend what the forests of his working days meant to him, Børli simply replied 'Everything'. His day-job and his night-job flowed together seamlessly – became interacting parts of a single, quite remarkable life. Børli's two worlds – the world of trees and the world of words – were not separate worlds. In his most intimate poetry, his words move naturally and responsively through his personal countryside, with its trees, birds and animals, its flowing water and bog-land, its silent skies. His verse is filled not only with the physical actuality of that world, but with the moods it evokes in the woodsman: sometimes loneliness, sometimes a visionary tenseness, sometimes a sense of a pre-human presence... the presence that the American woodsman Henry David Thoreau called the Old Settler. Moreover, the experience of this poetry is self-generating and erects no fences between itself and its reader. Like Robert Frost's New England poetry of birches, snowy fields and tumbling stone walls, it requires only a friendly ramble of the reader's imagination to come alive.

It has been suggested that Børli is popular in Norway because he evokes the unspoiled woodland that has an enduring appeal for even the most urban of his modern countrymen. That may indeed be true, but it is not the whole story: Børli's Finnish Forest evokes a world that lingers on the fringes of human consciousness everywhere. Although I am myself a foreigner and confirmed city-man, I have visited Hans Børli's forests with pleasure and insight in recent years and feel that they are my own as well as his. That is because there is a forest-wanderer beneath the urban surfaces of people like me: people whose instincts have never quite forgotten their past and whose dreams can still walk in the woods.

But while it was the catalyst and talisman of his poetry, the forest was by no means a restrictive force in Børli's creative life. A living presence in the poet's personality, it never fenced him off from the experiences of the 'outside' world. As the reader will shortly see, Børli the woodlander could write powerfully of people as varied as Biblical figures and modern musicians; he could also write with personal affection about his family and with bitter indignation about those suffering social injustice. From his rich, imaginative and sometimes lonely experience of the forest, Hans Børli gained a perspective on life that directed his eyes outward as well as inward. A poet of range and compassion, he richly deserves the affection of his countrymen.

Most introductory collections of translations like the present one probably reflect the taste of the collector. Not so the present volume, which features the favourite Børli poems of a number of Norwegians who have been instrumental in the growth of this collection. Indeed, 'growth' is a natural word to describe the present gathering of texts, which sprouted like a sapling in Hans Børli's woodland.

My initial inspiration for the collection came from the talented Finnskogen singer-composer Sinikka Langeland, who asked me to translate into English some of the Børli poems that she has set to music, so that she could sing her songs at concerts outside her native country. I was happy to do so and entered into a long 'Børli collaboration' with Sinikka that has developed into a warm friendship. A CD of Sinikka's English versions is scheduled to appear in the future.

The next impetus that set me seriously to work on Hans Børli came from the editions of the Aune Publishing House (Aune Forlag) of Trondheim, Norway, who were planning a handsome bilingual anthology of Norwegian poetry. Would I translate the Børli pieces that had been selected for their book? Indeed I would. The book itself, *Norske Dikt og Bilder / Pictures and Poetry from Norway*, was published by Aune in 2000.

My final input came from two friends who have encouraged my interest in Hans Børli from early in my work. The first of these is the poet's own daughter, Beathe Børli Karterud, who suggested some of her favourites, answered a few questions that led to further choices, passed on the names of two poems that Børli himself seemed especially fond of ('Louis Armstrong', p.70 and 'The Well Outside Nahor's City', p.82). Indeed, she has been my personal human contact with the father whose memory she preserves so affectionately.

The second of these two is Sverre Eire, the devoted and very knowledgeable chairperson of the Hans Børli Society. He, too, suggested his favourite Børli poems, and printed several of my translations in the Society's appealing periodical *Tyristikke*. His encouragement and the warmth of his commitment to Hans Børli's poetry were a vital link for me with the words and world of a moving writer.

But I owe a greater debt to my friends Sinikka, Beathe and Sverre than this mere acknowledgement and the simple citing of suggestions can begin to suggest. Whenever I encountered a difficult word or idiom in the course of my work, I would call upon one or more of the three for assistance that was never refused or given grudgingly. Also, one or more read and 'vetted' my individual versions from start to finish, and made any suggestion about my work that they saw fit.

Louis Muinzer
Belfast, June 2004

Louis Muinzer 1928-2004

It is a cause of great sadness to us as his friends and colleagues that Louis Muinzer died before the publication of this book. He did nevertheless manage to produce the final versions of these translations, some of them worked on over many years, and to compose the introduction to this volume despite his ongoing battle with illness.

Louis' contribution to the body of Norwegian literature available in English translation has been wide-ranging and of long standing. He has translated three novels by Finn Carling (*Under the Evening Sky*, *Commission* and *Diary for a Dead Husband*), as well as Torill Thorstad Hauger's *Captured by Vikings* and most recently Kjersti Scheen's *Final Curtain*. His translations of Jon Fosse's plays *The Child* and *The Guitar Man* have been published, and he has translated many other plays, mostly for performance. In addition to Hans Børli he has also translated works by other poets, chiefly Harald Sverdrup.

We will miss Louis not only for his outstanding work as a translator, but also for his professionalism, his infectious sense of humour and his unconquerable enthusiasm. We would like to dedicate this volume to his memory.

Janet Garton

The Poems

Tyrielden

Her i skogens grønne tempel
sitter jeg no mo aleine,
som en prest ved nattas alter –
ofrer tankene til elden.

Unner midnattstimens hvelving
kaller rappe villfuglvenger,
som et bud frå øydemarker
ingen jegers fot har tråkket.

Jeg vil gripe ut av natta
dette brus av vår og vidde.
Jeg vil sette ord til tona
av den store ødets harpe.

Tyrielden det er vennen
som kan kviskre liv i sangen,
som kan kjæle nakne hjertet
med de røde elskerhender.

Tyrielden er ei kvinne –
flekker av seg nattas fløyel,
dirrer naken som til famntak: –
"Sanger, brenn deg ut i elskhug!"

Elskhug! Elskhug! Kloder, stjerner
lytter til det ordets sølvklang.
Elskhug, sanger, det er nøklen
til ditt hjertes røde kiste.

The Pitch-pine Fire

Here in the wood's green temple
I now sit all alone,
like a priest at the night's altar –
offer up my thoughts to the fire.

Under the vault of midnight
fleet wildfowl wings call out,
like a message from waste places
no hunter's foot has trod.

I will seize from the night
this hum of spring and open country.
I will set words to the tune
of the great wasteland's harp.

The pitch-pine fire is the friend
that can whisper life into the song,
that can caress the naked heart
with its red lover-hands.

The pitch-pine fire is a woman –
strips from itself the night's velvet,
trembles naked as for embraces:
"Singer, burn yourself out in love!"

Love! Love! Planets, stars
listen to the word's silver ring.
Love, singers, that's the key
to your heart's red chest.

Tyrielden lever, flammer,
kveder ødets Kalevala.
Gnistene er gylne sanger,
som må dø i sprang mot himlen.

Tyrielden er symbolet
på det ville elskerhjerte
som har glød til natta siger
over livets kvite aske.

(Tyrielden, 1945)

The pine fire lives, flames,
chants the wasteland's *Kalevala*.
The sparks are golden songs,
which die in their leap towards heaven.

The pitch-pine fire is the symbol
of the wild lover-heart
that glows till the night sinks
over life's white ash.

(from *The Pitch-Pine Fire*, 1945)

Getsemane

Natt over Getsemane –
Tre sovende menn,
og natta fløt stille
mot morgen hen.

Men én vaket.
En bad
for heile den sovende jord,
mens blomstene anget
i sansende lyst,
og Kedron rislet

Denne kampen,
kampen i Getsemane,
kjempes hver jordisk natt
av menn på kne.
Og seire vinnes –
sveddøpte,
tvilkjøpte
de skjenker fred.

I fredløse netter,
skyene jager,
når skogene sukker,
når jorda er en forskutt planet
i det veldige rom,
da hviskes det:
Sover du, Simon?

Og røsten er menneskets.

(*Tyrielden*, 1945)

Gethsemane

Night over Gethsemane –
Three sleeping men,
and the night flowed silently
away towards morning.

But one kept watch.
One prayed
for the whole sleeping earth,
while the flowers spread perfume
in remembering joy,
and Kedron rippled.

This fight,
the fight on Gethsemane,
is fought each earthly night
by men on their knees.
And victories are won –
baptised with sweat,
bought with doubt,
they pour out peace.

On peaceless nights
the clouds go flying,
when the forests sigh,
when the earth is a cast-off planet
in the enormity of space;
then the whisper comes:
Are you sleeping, Simon?

And the voice is mankind's.

(from *The Pitch-Pine Fire*, 1945)

Jonsoknatt

Å, dette er jonsoknatta –
den lyseste natt vi har.
Det kviskrer i alle kratta,
det synger i busk og bar.

Og elgen går svart i auga
og beiter langs gamle spor,
langt inne i huldrehauga,
der skogstjerna snøkvit gror.

Og lommen i tjenna svømmer.
Han skriker sitt ville skrik,
der seven og storra gjømmer
hans reir i ei stille vik.

Og bjørka med neverleggen
står bøyd over sølvblank å.
Ho ser på et bilde av heggen,
der djupt neri kulpen blå.

Og inne frå sommarfjøsa
det klonker i kveldens fred
av bjeller – mens budei'tøsa
går pyntet til dans et sted.

Å, dette er jonsoknatta –
den lyseste natt som er.
Og inne i alle kratta
har noen en annen kjær.

Midsummer Night

Oh, the Midsummer Night is upon us –
the night when all brightness breaks loose.
It whispers in faraway thickets,
it sings in each bush and each spruce

And the dark-eyed bull moose goes awalking
and grazes along an old trail,
far off by the fairy-girl's hillock,
where the starflower grows snowy-pale.

And the diver swims close to the pond-bank.
He screams out his lunatic cry,
where reeds and tall sedges are hiding
his nest in the silence near by.

And the birch bends its peeling, pale branches
over brightness that glows silver-cool.
She looks at the bird-cherry's picture,
deep down in the blue river-pool.

And bells tinkle clear from the cow-barn,
ringing peace through the sweet evening air
– while the milkmaid, dressed up in her finest,
leaves to go dancing somewhere.

Yes, the Midsummer Night is upon us –
the night when the brightness brings bliss.
And every young lad in the bushes
has his own lovely lassie to kiss.

Se, båla med naken flamme
slår blaff i den milde vind.
Og kringom dem danser de samme
som engang var kledd i skinn.

Ja, ungdommens røde hjerter
blir heite av hedensk eld,
når solvervets gylne kjerter
står tent over skog og fjell.

Vi søker de gamle gleder:
En munn mot en annen munn,
en dans på de kjære steder,
ei tinde, blodheit stund.

(*Glåmdalen*, 1947)

Just see how the breeze makes the bonfire
shoot flames up that flicker and glow.
– Around them there dance the same people
who danced wearing skins long ago.

Yes, the passionate hearts of our young ones
grow hot from the heathenish light,
when the solstice's clear golden candles
shine down on our land through the night.

The old joys are all we are seeking:
a mouth pressed to mouth in desire,
a dance to be danced in dear places,
a moment when blood turns to fire.

(published in *Glåmdalen*, 1949)

Sus i myrull

Livet er ikke *alltid*
et hesblesende kappløp med døden.

Livet er ikke *bare*
titusen strevsomme steg
mot små mål.

Nei, livet er rikt nok til
å være bare sus i myrull – –

Livet er rikt nok til
å glemme timene og brødet
     og døden.

Men alle disse flittige –
med lønningsposer og armbåndsur
og spisestue i lys bjørk ...?
De er så gjerrige på minuttene.

Ropet fra hjertene drukner
i larmen av stempler og stål.

Men myrull suser i sønnavind
den enkle sangen
som hjertene minnes i maskinhallene.

Og ensomme fugler
seiler i sol,
seiler i sol og skriker – –

(*Men støtt kom nye vårer*, 1949)

Whispers in the Cotton Grass

Life isn't *always*
a breathless footrace with death.

Life isn't *just*
ten thousand plodding steps
towards petty goals.

No, life is rich enough
to be just whispers in the cotton grass...

Life is rich enough
to forget the hours and bread
              and death.

But all these busy people –
with pay packets and wristwatches
and dining rooms of blond birch...?
They are so stingy with the minutes.

The cry from their hearts is drowned
in the noise of pistons and steel.

But cotton grass whispers in the south wind
the simple song
that their hearts remember on factory floors.

And lonely birds
sail in the sun,
sail in the sun and shriek...

(from *But New Springs Always Come*, 1949)

Jeg liker uvær

Jeg liker uvær.
Stritt regn om hausten.
Tunge snøfall ved juleleite.
Det løyser og lindrer
noen frossent og forblåst inni meg.

– ligge i ei slåttebu
når regnet trommer på nevertaket,
og skogen driver inn i gråskodda!
Det er som endelig å få gråte
        fullt og befriende
etter lang barfrost i sinnet.

Eller gli på ski over myrene
en dag i januar,
nar snøkorn slår
som kvite gnister gjennom rommet.

Og verda søkker,
søkker i kvitt sus
inn i himmelen – –

Da er en først aleine,
heilt og herlig aleine.
En veit at sjøl skisporet
        slettes ut
ettersom en går.

Ja, jeg liker uvær.
Men synet av fugletrekk om hausten
gjør meg tung til sinns.

I Like Bad Weather

I like bad weather.
Hard rain in the autumn.
Heavy snowfall at Christmas time.
It releases and relieves
something frozen and windswept inside me.

– lying in a hay-barn
when the rain drums on the birch bark roof,
and the forest drifts in the grey mist!
It is like crying at last
        fully and freeingly
after a long frost in the bare soil of the mind.

Or gliding on skis over the boglands
on a January day,
when the snowflakes pour
like white sparks through space.

And the world sinks,
sinks with white whispers
into the sky –

Then you are alone for the first time,
completely and gloriously alone.
You know that even your ski-tracks
        are wiped away
after you go.

Yes, I like bad weather.
But the sight of bird flights in the autumn
makes me heavy in my mind.

Jeg har ofte stått på høgda
når tranene dro mot sør
med sol under grå venger.
Da visste jeg sårt
at jeg elsker uværet
fordi det er *grått* –

som glemselen.

(*Men støtt kom nye vårer*, 1949)

I have often stood on the high ground
when the cranes headed south
with the sun beneath their grey wings.
Then I knew sadly
that I love the bad weather
because it is *grey* –

like forgetfulness.

(from *But New Springs Always Come*, 1949)

Ordene

Angsten for ordene
den har jeg kjent.
Vers har jeg skrevet
og vers har jeg brent.

Tvilen i hjertet mitt
kviskret i hån:
"Fattigpilt er du,
som dikter på lån.

Arket er vakrest
når det er kvitt.
Spar det for ordet
som ikke er ditt."

(*Men støtt kom nye vårer*, 1949)

The Words

Dread of the words –
that's something I've learned.
Verse I have written
and verse I have burned.

From the doubt in my heart
the cruel whispers start:
"Weakling, you write
with a borrowed art.

The sheet is most lovely
when it is white.
Save its space for the word
that you cannot write."

(from *But New Springs Always Come*, 1949)

Kvitveis

Hvorfor blømmer du, blomme?
Hvorfor brer du ut
din kvite uskyld
over måsa og morken kvist
langt inni øydeheimen?

Ingen ser deg,
ingen veit at du lever –
bare sommervinden går forbi.
Da nikker du tenksomt,
som om du er enig med deg sjøl.

Og når natta låser dagen ut
gjennom solporten i vest,
lukker du krona
stille
over din kvite hemmelighet.

Å, kunne bare menneskene
tyde ditt tause budskap!
Menneskene som sverger
til freden
med handa på sverdet.

(*Likevel må du leve*, 1952)

White Anemone

Flower, why do you flower?
Why do you spread
your white innocence
over moss and rotting twigs
deep within our desolate land?

No one sees you,
no one knows that you are alive –
only the summer wind walks by.
Then you nod thoughtfully,
as if you agree with yourself.

And when night lets day out
through the sun-gate in the west,
you close your petals
quietly
over your white secret.

Oh, if only people could
read your silent message!
People who swear
by peace
with their hand on their sword.

(from *All the Same You Must Live*, 1952)

Den kvite børa

Trærne står kledd som nonner
i natt og nysnø. – Alt
er stivnet stillhet og stjerner,
bristende, ødt, kaldt.

Vær stille, mi sjel! Vær stille
som skogens unge tre:
Det luter mot brest under børa,
Herre, din vilje skje!

Med ukrøkt rygg skal ingen
få stå mellom jordens savn.
Men tyngst er den kvite børa
av sorger uten navn.

De faller i Lucinetter
de fine, fjørlette fjon
og veks' til ei himmeltyngde
over hver livsgrønn vón.

Hva nytter det vel å klage
i natt og nysnø? – Hør,
nå brast et tre i skogen
under si kvite bør ...

(*Likevel må du leve*, 1952)

The White Burden

The trees stand dressed like nuns
in night and new snow. – All
is stiffened silence and stars,
cracking, desolate, cold.

Be still, my soul! Be still
as the forest's young tree:
It bends towards cracking under the burden,
Lord, thy will be done!

With unbent back shall no one
stand among the earth's losses.
But heaviest is the white burden
of nameless sorrow.

They fall on Lucia Eves,
those fine, feather-light wisps,
and grow to a sky's weight
over each life-green hope.

Sure, what's the good of moaning
in night and new snow? Listen,
a tree broke just now in the forest
under its white burden...

(from *All the Same You Must Live*, 1952)

Vi eier skogene

Jeg har aldri eid et tre.
Ingen av mitt folk
har noensinne eid et tre –
skjønt slektens livs-sti slynget seg
over århundrers blå høgder
av skog.

Skog i storm,
skog i stille –
skog, skog, skog
alle år.

Mitt folk
var alltid et fattig folk.
Alltid.
Barn av livets
harde jernnetter.

Fremmende menn eier trærne,
og jorda,
        steinrøys-jorda
som mine fedre ryddet
i lyset fra månens løkt.

Fremmende menn
med glatte ansikter
og pene hender
og bilen alltid ventende
utafor døra.

We Own the Forests

I have never owned a tree.
None of my people
has ever owned a tree –
though my family's life-path winds
over centuries' blue heights
of forest.

Forest in storm,
forest in calm –
forest, forest, forest,
through all the years.

My people
were always a poor people.
Always.
Children of life's
hard, iron-frosted nights.

Strangers own the trees,
and the soil,
          the stone-heaped soil
my fathers cleared
by the light of the moon's lamp.

Strangers
with smooth faces
and pretty hands
and their car always waiting
outside the door.

Ingen av mitt folk
har noensinne eid et tre.
Likevel eier vi skogene
med blodets røde rett.

Rike mann,
du med bil og bankbok
og aksjer i Borregaard:
du kan kjøpe tusen mål skog
og tusen mål til,
men solefallet kan du ikke kjøpe
og ikke suset av vinden
og ikke gleden ved å gå heimover
når røslyngen blømmer langs stien –

Nei, *vi* eier skogene,
slik barnet eier si mor.

(*Likevel må du leve*, 1952)

None of my people
has ever owned a tree.
And yet we own the forests
by our blood's red right.

Rich man,
you with the car and the bankbook
and stock in Borregaard timber company:
you can buy a thousand acres of forest,
and a thousand acres more,
but you can't buy the sunset
or the whisper of the wind
or the joy of walking homeward
when the heather blooms along the path –

No, *we* own the forests,
the way a child owns its mother.

(from *All the Same You Must Live*, 1952)

Det finnes

Det finnes stunder
da alle ord er grå,
da sorga er et høstsyn:
et vissent sevblad frøsi fast
i isen på ei å.

Det finnes stunder
da alle ord er små,
da lykka er et vårsyn:
ei solgnist i en dråpe dogg
som siger langs et strå.

(*Ser jeg en blomme i skogen*, 1954)

There Are Moments

There are moments
when no words gleam
when sorrow is an autumn sight:
a withered rush blade frozen fast
in ice upon a stream.

There are moments
when small words pass,
when gladness is a springtime sight:
a sun spark in a drop of dew
upon a blade of grass.

(from *If I See a Flower in the Forest*, 1954)

Skogenes sang

Det toner så sorgsamt på myr og mo:
    skogenes sang.
Og teksten står skrevet med kveldsgull og glo
der sola bak åsen i vest gikk til ro
over de øde vidder.

Jeg stanser og lyer. – Jeg hører en røst:
    skogenes sang.
Et skjelvende fløyt fra et villfugl-brøst
og sildring i bekken og sukk av høst
over de øde vidder.

Velsignet! Velsignet! hver tone som er
    skogenes sang.
Den stiger i sol og i stjerneskjær
der vinden rusker i bartunge trær
over de øde vidder.

I storelgens øre en mørk melodi:
    skogenes sang.
Han kviler på måsan i lullende li,
til skymmingen kaller ham ut på en sti
over de øde vidder.

Og skytteren hører det velkjente mål:
    skogenes sang.
Han sitter og pusser det skottsvarte stål
mens blårøyken ringer seg opp fra et bål
inne på øde vidder.

The Forests' Song

It sounds so sad on the moor at night:
        the forests' song.
Its lyrics are written in gold twilight
where the weary sun sinks out of sight
over the desolate highlands.

I stop and listen. – I hear a note:
        the forests' song.
A trembling cry from a wild bird's throat,
a murmuring brook where the fall winds float
over the desolate highlands.

How blessed those notes of its music are,
        the forests' song.
They rise in the light of both sun and star
where tree-shaking winds blow near and far
over the desolate highlands.

The moose hears a dusky melody play:
        the forests' song.
He rests in the moss through the lulling day
till twilight calls him out on his way
over the desolate highlands.

And the hunter hears the old tune run:
        the forests' song.
He polishes up his shot-blackened gun
as the smoke coils up when the day is done
up in the desolate highlands.

Og aldri den stilner i høstnatta hen,
        skogenes sang.
De stanser og lyer igjen og igjen
de ensomme dyr og de ensomme menn
inne på øde vidder.

                                (*Kont-Jo*, 1957)

And the song flows on in each slumbering glen,
        the forests' song.
they stop and they listen again and again,
the lonely beasts and the lonely men
up on the desolate highlands.

(from *Kont-Jo*, 1957)

Avstand

Jeg står og ser på himmelen
en vårkveld under rugdetrekket.
Forunderlig! Den største stjerna
er bare en liten liten ting
som et bjørkeblad kan dekke.

– – –

Avstand, avstand er det
som gjør det evige til å bære.
Godt at det skygger så stort
det lille nære...

(*Dagene*, 1958)

Distance

I stand looking at the sky
on a spring evening beneath the woodcocks' flight.
Strange! The biggest star
is only a tiny, tiny thing
that a birch leaf can cover.
– – –
Distance, it's distance
that makes what's eternal bearable.
Good that it casts so big a shadow,
the little thing that's near...

(from *The Days*, 1958)

Har du lyttet til elvene om natta?

Har du lyttet til elvene om natta?
Da taler de om andre ting.

De sildrer ingen latter over sandgrunnene,
nynner ingen sang om
           brune jentekropper
som sklir uti ved laugeplassen,
eller vide enger med spoveskrik,
eller sundmannen som ser på skyene
           mens han ror.

De taler om andre ting.
Ting som er heimløse i dagene,
ting som er Aldri og ingen ord.

Lytter du til elvene om natta,
lenge,
er det til slutt som om sjelen
gåtefullt minnes sin framtid.

(Dagene, 1958)

Have You Listened to the Rivers in the Night?

Have you listened to the rivers in the night?
They speak of other things.

They send no laughter trickling over their sand bars,
hum no song about
        girls' brown bodies
that glide outward at the bathing place
or wide meadows with their curlew-cries
or the ferryman who looks at the clouds
        as he rows.

They speak of other things.
Things that are homeless in the day,
things that are Never and without words.

If you listen long to the rivers in the night,
listen long,
it is at last as if your soul
is mysteriously remembering its future.

(from *The Days*, 1958)

Junikveld

Vi sitter i slørblå junikveld
og svaler oss ute på trammen.
Og alt vi ser på har dobbelt liv,
fordi vi sanser det *sammen*.

Se – skogsjøen ligger og skinner rødt
av sunkne solefalls-riker.
Og blankt som en ting av gammelt sølv
er skriket som lommen skriker.

Og heggen ved grinda brenner så stilt
av nykveikte blomsterkvaster.
Nå skjelver de kvitt i et pust av vind,
– det er som om noe haster...

Å, flytt deg nærmere inn til meg
her på kjøkkentrammen!

Den er så svinnende kort den stund
vi mennesker er sammen.

(*Dagene*, 1958)

June Evening

On the steps in the mist-blue evening
we sit in the cool June air.
And all that we see is seen double,
because it is something we share.

Look – the lake's shining with scarlet
from the land of the sunsetting sky.
And bright as a piece of old silver
Is the diver's red-throated cry.

And the bird-cherry's burning in silence,
its blossoms alight by the gate.
A breeze makes their white clusters tremble
– as if there is something can't wait...

Oh, move yourself closer against me,
here by the kitchen door!

We are given a short time together,
then given no more.

(from *The Days*, 1958)

Når menneskene er gått heim

Du søker ditt eget speilbilde i
de dimme gåtene omkring deg.
Alltid.

Du legger dine ensomme tanker
i munnen på vinden. Du drømmer
menneskemening inn i
duft og sus. Alltid
svarer dvergmålet deg med din egen stemme.

Men hva tror du skogen synger
siden,
når *du* er gått heim?

Jo, da er timen inne
for røster nakne som jern.

En stumhet reiser seg,
står med løftet panne
og kveder for stjernene,
kambriske kvad
som menneskelepper aldri har rørt.

Djupt i skogene,
på byenes torg og i
skinnende saler
sitter en stumhet og ler lydløst.
Venter
till menneskene er gått heim.

When the People Have Gone Home

You seek your own reflection in
the dim mysteries around you.
Always.

You put your lonely thoughts
in the mouth of the wind. You dream
human meaning into
scent and whispering air. Always
the echo answers you in your own voice.

But what do you think the forest sings
afterwards,
when *you* have gone home?

Why, then the hour has come
for voices bare as iron.

A silence rises,
stands with lifted brow
and chants to the stars
Cambrian lays
that human lips have never touched.

Deep in the forests,
in city squares and in
shining halls
a silence sits laughing soundlessly.
Waits
until the people have gone home.

Da reiser den seg og taler,
taler med steintunge
et språk så hovmodig
at det ikke har ord for
menneske.

(*Dagene*, 1958)

Then it rises and speaks,
speaks with stony tongue
a language that's so arrogant
it has no word for
man.

(from *The Days*, 1958)

Forbi

Forunderlig
som kvelden ringer
høyhet fram i alt og alle...

Selv kråkene
får gylne vinger
når de flyr i solefallet.

(Dagene, 1958)

Beyond

So strange to see
how the evening rings
loftiness forth and makes things bright...

Even the crows
have golden wings
when flying in the sunset's light.

(from *The Days*, 1958)

Den lille fløyten

Du flikker på ditt instrument.
Bygger det bedre, flere strenger,
dypere klang –

men den lille fløyten...

Den lille fløyten av ben
venter
til buene synker
venter
til trompetene tier
lyset slokkes på podiet
da
klinger den ensomt i mørket
        ved bakdøren.

En naken tone
hvit
som en fugleknokkel
i vinden på myrene.

Det er Ingen som spiller.
Den lille fløyten av ben.

(Jeg ville fange en fugl, 1960)

The Little Flute

You mend your instrument.
give it more and better strings,
a deeper ring –

but the little flute...

The little bone flute
waits
till the bows are lowered
waits
till the trumpets are silent
and the light goes out on the podium
then
it makes lonely music in the darkness
        by the backdoor.

A naked tone
white
as a bird-bone
in the bog wind.

There is No One playing.
The little bone flute.

(from *I Wanted to Catch a Bird*, 1960)

Vandrersken

Det er som ditt ansikt har lyttet et sted
ved kildene. – Søster, det er
som brakte du demringens stillhet med
fra høyder med hellige trær.

Du fylte min ensomhet mang en gang
i dager da hjertet fór vill:
Jeg ante din nærhet i rådyrets sprang
og tårnfalkens vinger av ild.

Nå står jeg med hendene tunge av savn,
så fattig, så grovskapt og grå.
Du er som et bilde, et skinnende navn
på noe jeg aldri skal nå.

På skrånende stråler av sol har du gått
mot høylandet dypt i deg selv.
Ditt lyttende bortvendte vesen har fått
en snøduft av høstlige fjell.

Jeg ser på deg. Slik som en vegvill mann
i mørket kan stå og se
ei stjerne over et ukjent land
hvor stiene er snødd ned.

(*Jeg ville fange en fugl*, 1960)

The Lady Wanderer

It is as if your face has listened somewhere
near the springs. – Sister, it is
as if you brought dawn's stillness with you
from heights with sacred trees.

Many a time you filled my loneliness
in days when my heart was lost:
I sensed your nearness in the roe deer's leap
and in the kestrel's wings of fire.

Now I stand with my hands heavy from their loss,
so poor, so coarse-made and grey.
You are like an image, a shining name
of something I shall never reach.

You have gone on slanting rays of sunlight
towards the highland deep inside you.
Your listening, averted being has gained
a scent of snow in autumn mountains.

I look at you. The way a lost man
in the darkness may stand and see
a star above an unknown country
where the paths are snowbound.

(from *I Wanted to Catch a Bird*, 1960)

Myrulla på Lomtjennmyrene

Skulle jeg, mot formodning,
bli salig
og komme i de saliges boliger,
da skal jeg si til erkeengelen:

– Jeg har sett noe
som var hvitere enn vingene dine, Gabriel!

Jeg har sett myrulla blømme
på Lomtjennmyrene

heime på jorda.

(Jeg ville fange en fugl, 1960)

Bog Cotton on the Lomtjenne Bogs

Should I, against all expectations,
be blessed
and come into the dwellings of the blessed,
then I shall tell the archangel:

"I have seen something
that was whiter than your wings, Gabriel!

I have seen bog cotton bloom
on the Lomtjenne Bogs

back home on earth."

(from *I Wanted to Catch a Bird*, 1960)

Innskrift

Ditt liv. Din drøm:
Varmen under foten til en fugl
som blunder i vintergryet – –

(Ved bålet, 1962)

Inscription

Your life. Your dream:
The warmth beneath the foot of a bird
that's dozing in the winter dawn...

(from *At the Open Fire*, 1962)

Splinter av et knust speil: 3. Getsemane

Suste det tungt av sorg
gjennom Getsemane den natten...
den natten soldatene førte Marias sønn med
til yppersteprestens hus?
        Nei,
en eseldriver som drev sine dyr
gjennom Shushanporten i den tredje time,
hørte et mektig åndedrag av fred
bruse gjennom olivenlunden.

Og over den lille gropen som Mesterens knær
grov i myk muld,
vandret en bille, en bladtege
med ryggskjold som gammelt kobber,
antennene dirrende spent
mot en duft av hibiscus.

En gjeterfløyte oppe i høyden
lød ensom og langt borte.

(Ved bålet, 1962)

Splinters of a Broken Mirror: 3. Gethsemane

Did whispers heavy with sorrow
move through Gethsemane that night...
the night the soldiers bore Mary's son along
to the high priest's house?
        No,
an ass-driver who was urging his beasts
through Shushan Gate in the third hour
heard a mighty breath of peace
rush through the olive grove.

And over the little hollow that the Master's knees
pressed into submissive soil
a beetle wandered, a leaf-bug
with a shell like old copper on its back,
its antennae quivering with expectation,
towards the fragrance of hibiscus.

Up on the heights, a shepherd's flute
sounded lonely and far away.

(from *At the Open Fire*, 1962)

Louis Armstrong

Gamle, milde Satchmo –
ansikt som hjulspor på sletten,
som muld og morild.

Sår på leppene.
Blod på munnstykket av messing. Alltid
raser solstormen
i dine lungers kløftede tre. Alltid
flyr en ravn på duevinger
fra din søndersungne strupe.

Nobody knows...

Ser du alle de hvite hendene, Satchmo?
De klapper.
Hender som slo, hender som hengte, hender
som splittet et mildt, groende mørke
med hatets brennende kors.
Nå klapper de.
Og *du* spiller, gamle. Synger
Uncle Satchmo's Lullaby. Svetten pipler,
                                        brystet
hiver. En sol sitter fast
i trompetens skinnende svelg.
Som gråten i en strupe.

...the trouble I've seen.

Louis Armstrong

Mild old Satchmo –
face like wheel ruts on the plain,
like mould and flashing phosphorus.

Wounds on your lips.
Blood on your brass mouthpiece. Always
the sun-storm raging
in your lungs' cleft tree. Always
a raven flying on dove wings
from your sung-asunder throat.

Nobody knows...

Do you see all the white hands, Satchmo?
They're clapping.
Hands that struck, hands that hanged, hands
that split a mild and fertile darkness
with the fiery cross of hate.
Now they're clapping.
And *you* are playing, old man. Are singing
Uncle Satchmo's Lullaby. Your sweat trickling,
                                        your breast

heaving. A sun sitting fast
in your trumpet's shining mouth.
Like the tears in a throat.

...the trouble I've seen.

Hvor ditt arrete smil gjør meg skamfull
over mitt eget stengte ansikt,
mitt knefall for skyggene. Jeg spør deg:
Hvor hentet du kraften til
ditt opprør uten hat? Din
skinnende tone av lys
som gjennomstråler negernatta? Svar meg,
hvor stor sorg skal til...
hvor stor sorg skal til
for å nære en ren glede?

Og trompeten svarer
langt borte fra,
en røk av sølv:
– *Mississippi...*

(*Ved bålet*, 1962)

How ashamed your scarred smile makes me
of my own closed face,
my kneeling before the shadows. I ask you:
Where did you get the strength for
your rebellion without hate? Your
shining melody of light
that radiates through the negro-night? Tell me:
how much sorrow do you need –
how much sorrow do you need
to feed a pure joy?

And the trumpet answers
from far away,
a smoke of silver:
– *Mississippi...*

(from *At the Open Fire*, 1962)

Kvitfuglen

Det er ikke lett å holde liv i
den vesle fuglen. Kvitfuglen
som synger sin strofe fra solkystene
når vinterstormen huier i skogen,
når grådagen ladder plattfot gjennom ditt liv,
kledd i vadmål. Grovsliter-dagen
med kjeften full av bannskap og bukseprat og
                                    Langaards skrå,
men døvhørt, døvhørt for
fuglen
hin kvite
som spinner sin spinkle strofe av sølv i
hjertet ditt
så lenge du er et menneske.

Så lenge du er et menneske... Derfor
er vaktene så engstelig lyttende lange.

(Ved bålet, 1962)

The White Bird

It's not easy to keep life in
that little bird. The white bird
that sings its stanza from the coasts of sunlight
when the winter storm howls in the woods,
when the grey day pads flatfoot through your life,
wearing homespun. The rough-drudger day
with its mouth full of curses and men's talk and
                                            tobacco chaws,

but deaf, deaf to
the bird,
that white one
that spins its fragile silver stanza in
your heart
as long as you are human.

As long as you are human... That's why
the vigils of anxious listening are so long.

(from *At the Open Fire*, 1962)

Saltstein

Mitt hjerte er gammelt som jorda.
Og det vet noe. Det vet noe
fra tidene før alle ord.
Det tier. Knudret og slitt som
saltsteinen ved nautgardsgrinda:
En ru ømhet
raspet over det,
atter og atter.
En hunger, en higen etter salt
midt i et emment grasrike.

(Brønnen utenfor Nachors stad, 1966)

Rock Salt

My heart is as old as the earth.
And it knows something. It knows something
from the time before all words.
It is silent. Rugged and worn like
the rock salt by the cattle-yard gate:
A rough tenderness
scraped over it,
again and again.
A hunger, a craving for salt,
there in a kingdom of too-sweet grass.

(from *The Well Outside Nahor's City*, 1966)

Makeba synger

Smilet skrider som
en sivgaselle
langs dine lange
munnviker, Makeba.

Og stemmen:
antilopens sitrende angst
ved vannhullene
når lukten av leopard
formørker vinden.
                En skjønnhet
som lik stjernene
behøver mørket
for å kunne skinne.

Makeba synger – –

Sett kaffekoppen ned.
Legg teskjeen pent ved siden av
bløtkake-stykket på asjetten.
Miriam Makeba synger i TV – –
Og vi er opplyste mennesker,
vi har *sjel* – javisst,
en prima slitesterk
europeisk sjel,
ikke svart, ikke hvit,
men gammel-gul
som harskt fett.

Makeba Is Singing

The smile glides like
a rush gazelle
along the lengthy
corners of your mouth, Makeba.

And the voice:
the antelope's trembling terror
at the waterholes
when the scent of leopard
darkens the wind.
        A beauty
that like the stars
needs darkness
for its shining.

Makeba is singing –

Put down the coffee cup.
Lay the teaspoon neatly beside
the pastry on your tea plate.
Miriam Makeba is singing on TV –
And we are enlightened folks,
we have *soul* – of course we do:
a first-rate, hard-wearing
European soul:
not black, not white,
but aged-yellow
like rancid fat.

Hør! Stemmen stiger
i vrede. Det er som
den ser oss her vi sitter
døde av velferd. En panterklo
glimter fram av
myk pote, en griffel skriver
gnislende i støvet
på våre hjerter:
"all the dark people,
one big team..."

(*Brønnen utenfor Nachors stad*, 1966)

Listen! Her voice is rising
in anger. It's as if
it sees us sitting here
dead from well-being. A panther claw
gleams out from
supple paw, a slate point writes
gratingly in the dust
on our hearts:
"all the dark people,
one big team..."

(from *The Well Outside Nahor's City*, 1966)

Brønnen utenfor Nachors stad

Og jeg kom til kilden og sa:
Herre, min Herre Abrahams Gud! O, at du
ville la min reise lykkes,
på hvilken jeg vandrer!

(1. Mosebok 24, 42)

Rytter – jeg ser deg i salen,
den hvite dromedar i spinkelt riss
mot en himmel av kobber, en himmel
som ennå huser
underet og Herren.
Hvem var du? Den store boken
nevner ikke ditt navn. Du red mot
Mesopotamias sagnblå fjell i øst,
– en mann under ordre, et ansikt
vendt på skrå for vinden
ute på årtusnenes forblåste slette.

– – –

Kamelene var trette.
Du lot dem ligge ned ved brønnen
utenfor Nachors stad.
Det var ved aftenstid, lav sol;
skyggen av de spredte palmekronene
sov langt fra treet,
bundet til roten som i et tjor av blått.

Du talte sakte til dine følgesvenner.
– Det er en *stor* by, sa du.
– Vær varsomme;
skjøgene blander død i vinen.

The Well Outside Nahor's City

Arriving today at the spring I said:
Yahweh, God of my master Abraham,
show me, I pray, if you intend
to make my journey successful.

(Genesis 24:42)

Rider – I see you in the saddle,
your white dromedary in delicate outline
against a copper sky, a sky
that still shelters
the wonder and the Lord.
Who were you? The great book
doesn't give your name. You rode towards
Mesopotamia's legend-blue mountains in the east
– a man under orders, a face
turned slantwise to the wind
out on the millennia's windswept plain.

– – –

The camels were tired.
You let them lie down at the well
outside Nahor's city.
It was evening time, the sun low;
the shadows of the spread palm tree tops
slept far from the trees,
bound to their roots as with blue tethers.

You spoke softly to your companions.
"It's a *big* town," you said.
"Be careful;
the whores mix death in the wine."

Da så du henne.
Hun kom ut av skyggene i hulveien.
Du *så* henne.
Jorden var lykkelig under hennes fottrinn;
vannkrukken på hennes skulder
og linjene i de svaie hoftene
var som én tanke.

Hastig rømmet du deg
og steg fram. Talte
bakom en flik av kjortelen
for å skjule kopparrene
som vansiret din munn.
– Hell på din krukke, søster, ba du,
– vi har ridd gjennom ørkenen.
Og piken smilte og så skrått opp på deg
med øyne som modne druer i regn:
– Drikk, herre,
og jeg vil også gi dine kameler å drikke...

Hvor pinefullt kjølig vannet lo!
Tegningene av grønske på brønnsteinene
var ordspråk
mumlet av tidenes munn.
Da du bøyde deg og drakk
så du pikens føtter i sanden.
Brun hud mellom sandalremmene,
vrister som fugler
ferdig til å lette.
Og din egen hånd på den brente leren,
grov, lavættet kort i fingrene –

Then you saw her.
She came from the shadows on the sunken road.
You *saw* her.
The earth was happy beneath her footsteps;
the water jug on her shoulder
and lines of her supple hips
were like one single thought.

Quickly you cleared your throat
and stepped forth. Spoke
behind a fold of your coat
to conceal the pockmarks
that disfigured your mouth.
"Pour from your jug, sister," you asked.
"We have ridden through the desert."
And the girl smiled and looked slantways up at you
with eyes like ripe grapes in the rain:
"Drink, lord,
and I will also give your camels drink..."

How painfully cool the water laughed!
The designs of green algae on the well stones
were proverbs
mumbled by the ages' mouth.
When you bent down and drank
you saw the girl's feet in the sand.
Brown skin between the sandal thongs,
insteps like birds
ready to rise.
And your own hand on the burnt clay,
rough, with fingers that were lowborn-short –

Du løftet den våte munnen,
du så opp på kvinnen
med øyne fulle av fortvilelse,
fulle av ørken og aldri –

– – –

Du red ditt ærend til ende, rytter.
Din munn var lukket, og tiden skred
på føtter av hvislende sand.
Betuels mørkøyde datter
ble gammel og rynket i Isaks telt
ved Lachaj Ro'i – men
legendens lys bevarer
usårlig skjønnhet: En drøm
reddet fra oppfyllelsen
og døden. – Jeg ser
Rebekkas unge ansikt
skåret inn som en kamé
i ditt hjertes bitre onyx.

En selsom amulett, – et brystsmykke
for vanmaktens ørkenryttere. Vi
som mumler om brønner
med sand mellom tennene. Vi
som leser vår lagnads lov
i stjernene over de nattlige veier:

You raised your wet mouth,
you looked up at the woman
with your eyes full of despair,
full of the desert and never –

– – –

You rode your mission to the end, rider.
Your mouth was closed, and time advanced
on feet of hissing sand.
Bethuel's dark-eyed daughter
grew old and wrinkled in Isaac's tent
at Lahai Roi – but
the legend's light preserves
invulnerable beauty: A dream
rescued from its fulfillment
and its death. – I see
Rebecca's youthful face
carved like a cameo
into your heart's bitter onyx.

A mysterious amulet, – a breast-jewel
for impotent desert riders. We
who mumble about wells
with sand between our teeth. We
who read the law of our destiny
in the stars above the night-time roads:

– Du skal ri gjennom vanviddstrakter
av tørke og ensomhet. Du skal
leite opp liv og skjønnhet
ved de sjeldne kilder. Men
ingenting skal bli ditt. *Du*
er bare en overbringer. Dine hender
skal forbli tomme
trass i alt hva du fant og finner.

Men ett skal være din lykke, ett skal bestå
som et lys over gjenføkne tråkk: Minnet
om møtet ved brønnen, aftenstunden
da horisontene kimte som klokker av sølv
og livet rakte deg krukken
med pikelig svale hender.

(*Brønnen utenfor Nachors stad*, 1966)

We Own the Forests and Other Poems

– You must ride through mad tracts
of drought and loneliness. You must
seek out life and beauty
at uncommon springs. But
nothing shall be your own. *You*
are only a go-between. Your hands
shall remain empty
in spite of all you found and find.

But one thing shall be your joy, shall last
like a light over windblown trails: Your memory
of the meeting at the well, the evening time
when the horizons chimed like silver bells
and life held out its jug to you
with cool and girlish hands.

(from *The Well Outside Nahor's City*, 1966)

Elghjertet

Han skar hjertet ut av
den dampende varme hulen
og kastet det likesælt i lyngen.

Saktmodige snøflingrer
kom skrånende gjennom grålufta
og la seg stilt, brånte
mot det rykende røde.

Men før vi fikk partert dyreskrotten
var hjertet nedsnødd.
Bare en liten kuv i det hvite.

Og da vi la på heimveg
med store våte sekker
som rafset under baret,
glømte vi elghjertet...

(*Isfuglen*, 1970)

The Moose Heart

He cut the heart out from
the hot and steaming cavity
and threw it indifferently in the heather.

Gentle snowflakes
came slanting through the grey air
and settled silently, melted
against the reeking redness.

But before we'd cut the carcass up,
the heart was snow-covered.
Just a little hump in the whiteness.

And when we set off homewards
with big wet sacks
that scratched against green branches,
we forgot the moose heart...

(from *Kingfisher*, 1970)

De store skogene

Mennesket går vill i sitt eget indre,
et mørkeredd barn
i svarte skogen nattestid.
Og vær viss,
de store skogene skal bestå
alltid,
mens din tankes spinkle riss av deg selv –
menneskebildet –
skal smuldre bort og forgå,
bli ett med jord og mørke igjen
lik skjelettet av en fugl i måsan.

(*Isfuglen*, 1970)

The Great Forests

Man gets lost inside himself,
a child scared of the dark
in the black forest at night.
And be sure:
the great forests shall endure
for always,
while your thought's frail markings of yourself –
the human image –
shall crumble away and perish,
become one with earth and darkness again
like the skeleton of a bird in the bog.

(from *Kingfisher*, 1970)

Et ansikt

Et ansikt i grålyset
en tretthet
som kråker i motvind
som snø
over ihjelfrosne rådyr

(Kyndelsmesse, 1972)

A Face

A face in the grey dawnlight
a tiredness
like crows in head wind
like snow
over roe deer frozen to death

(from *Candlemas*, 1972)

Kyndelsmesse

På vinterens mest forlatte dag,
mens sola stryker som ei skaskutt røy
lågt over snøtoppene i sør,
aner du våren som en usigelig
sakte tone i skumringslyset: Livet
sitter barhendt midt i frosten
og spiller på en trefløyte,
uten å ane at noen lytter
med ørene halvt igjenstoppet
av stillhet og død.

Da ser du det med ett: Det er
svarttrosten igjen. Den sitter
inne mellom greinene på en rimgrå busk
og fløyter mjukt for seg sjøl.
Finner tonen, slipper den, prøver på ny,
modulerer uendelig varsomt et tema
til solstrofen den skal synge
i førefallets rå døgn
av oppløsning og tilblivelse.

(Kyndelsmesse, 1972)

Candlemas

On the winter's most desolate day,
while the sun rushes like a wounded grouse
low over the snow-peaks in the south,
you sense spring like a quiet tune in the twilight
that is beyond all words: Life
sits barehanded amidst the frost,
playing on a wooden flute,
not suspecting that anyone is listening
with ears half plugged
by silence and death.

Then suddenly you see it:
the blackbird is back. It's sitting
in among the branches on a frost-grey bush
whistling gently to itself.
Finds the tune, drops it, tries again,
modulates with infinite care a theme
for the sun-stanza it must sing
in the thaw's raw days
of decay and birth.

(from *Candlemas*, 1972)

Etter Auschwitz

Det er hardt
å se seg selv i øynene
etter dét som hendte
i Auschwitz.
I Hiroshima.
I Song My –

MEN VEND IKKE SPEILET.

Tro ikke
at helvete hadde vært mulig
uten deg og meg.

(*Kyndelsmesse*, 1972)

After Auschwitz

It is hard
to look oneself in the eye
after what happened
at Auschwitz.
At Hiroshima.
At Song My –

BUT DON'T TURN THE MIRROR.

Don't think
that hell would have been possible
without you and me.

(from *Candlemas*, 1972)

Nocturne

Du står ved din tankes yttergrense.
Hører lyden av strømmende vatn, knirket
i Dødens tollepinner – varsomt, en stillhet
i stillheten. Håpet driver forbi
der ute i den blanke himmelspeilingen
i nattelva:
         et rotgravd tre
som vender seg sakte i strømmen
og soper mot stranda
med sus av vått lauv.

Og djupt i det spente mørket
sover kornmodslyn – tigerbrannete
inne i en raslande sivskog
av drøm som visnet.

(Vindharpe, 1974)

Nocturne

You stand at the outer limits of your thought.
Hear the sound of flowing water, the creaking
of Death's oarlocks – cautiously, a stillness
in the stillness. Hope drifts past
out there in the bright sky-mirror
on the night river:
         an uprooted tree
that turns gently in the stream
and sweeps towards the shore
with the whisper of wet leaves.

And deep in the tense darkness
heat lightning sleeps – tiger-striped
within a rustling reed-growth
of withered dream.

(from *Windharp*, 1974)

Minnene

Ta det med deg!
Det minste av grønt som har hendt deg
kan redde livet ditt en dag
i vinterlandet.

Et strå bare,
et eneste blakt lite strå
fra sommeren i fjor
frosset fast i fonna,
kan hindre skredets
tusen drepende tonn i
å styrte utfor.

(*Vindharpe*, 1974)

Memories

Take it with you!
The smallest green thing that has happened to you
can save your life some day
in the winter land.

Just a blade of grass,
a single faded little blade
from last summer
frozen fast in the snowdrift,
can stop the avalanche's
thousand deadly tons
from plunging down.

(from *Windharp*, 1974)

Pulsvotter

Hun strikket pulsvotter til meg
av grått, tretråders ullgarn.
Pulsvotter –
et godt gammeldags vinterplagg:
årene ligger grunt under huden
på innersiden av magre håndledd; blodet
kjølnes og strømmer kaldt
tilbake i hjertet. Derfor
strikket hun pulsvotter til meg

tjuge år etter at
hun skrev det siste kjærlighetsbrevet.

(Vindharpe, 1974)

Wrist-warmers

She knit wrist-warmers for me
from grey, three-ply wool yarn.
Wrist-warmers –
a good old-fashioned piece of winter clothing:
the veins lie just below the skin
on the inner side of lean wrists; the blood
is cooled and flows cold
back into the heart. That's why
she knit wrist-warmers for me

twenty years after
she wrote her last love-letter.

(from *Windharp*, 1974)

Ett er nødvendig

Ett er nødvendig – her
i denne vår vanskelige verden
av husville og heimløse:

Å ta bolig i seg selv

Gå inn i mørket
og pusse sotet av lampen.

Slik at mennesker på veiene
kan skimte lys
i dine bebodde øyne.

(*Vindharpe*, 1974)

One Thing's Necessary

One thing's necessary – here
in this hard world of ours
of homeless and outcast people:

Taking residence in yourself.

Walk into the darkness
and clean the soot from the lamp.

So that people on the roads
can glimpse a light
in your inhabited eyes.

(from *Windharp*, 1974)

Kråke

Éi regnvåt kråke på skigarn
er bedre enn ti engler i Himmerike.

(*Vindharpe*, 1974)

Crow

One rain-wet crow on a rail fence
is better than ten angels in the Kingdom of Heaven.

(from *Windharp*, 1974)

Skogstjerner

Det er ingen himmel disse nettene
av tidlig juli, bare en tomhet,
et bleikt fravær
over skogen og myrene og
de disblå jordene
hvor blomstene blømmer fortapt
i skyggen av stundende ljåtid.
Trett av å hvelve seg over
de dødeliges stier i støvet
har også himmelen tatt ferie
og reist langt bort,
til evighetens azurkyster
hvor livet er et skip underveis.
Men stjernene har den betrodd
måsan til oppbevaring,
måsan i skogen
– det mildeste og mjukeste på jorda.
Jeg går mellom stjernebilder,
går som en liten Vårherre
gjennom galakser
av skinnende hvithet. Et sted
stanser jeg med ene foten løftet,
for ikke å tråkke på Sjustjerna.

(*Vindharpe*, 1974)

Starflowers

There is no sky these nights
in early July, just an emptiness,
a pale absence
over the woods and bogs and
the haze-blue fields
where the flowers blossom forlorn
in the shadow of the scythe's approaching time.
Tired of arching over
the mortals' paths in the dust,
the sky has in fact gone on holiday
and travelled far away,
to the azure coasts of eternity
where life is a ship on its journey.
But it has committed the stars
to the moss's protection,
the moss in the woods
– the mildest and softest on earth.
I walk among star images,
walk like a little Lord
through galaxies
of shining whiteness. Somewhere
I stop with one foot lifted,
so I won't trample on the Pleiades.

(from *Windharp*, 1974)

Insekter: 1. Marihøne

På et blomsterblad i kveldsola
ei skinnende marihøne.
Mens jeg står og ser
åpner den seg selv som
et bittelite lakkrødt skrin
          med buet lokk,
pakker sirlig ut en flukt
som gammel silke.

Gjør marihøna
midt i menneskenes verden
som om ingenting var.

(Når kvelden står rød over
Hesteknatten, 1979)

Insects: 1. Ladybird

On a flower's leaf in the evening sun
a shining ladybird.
As I stand looking
it opens itself like
a tiny red-lacquered box
           with a curved lid,
elegantly unpacks a flight
like antique silk.

The ladybird acts
in the midst of the human world
as if nothing existed.

(from *When Evening Stands Red
over Hesteknatten*, 1979)

Rapport fra grasrota

Jeg er en liten maur.
Det stilnes over stiene
og storkvelden tar til å skumre i skogen.
Alle vettuge gamle skogsmaurer
er forlengst vel i hus
med barnåla si – men *jeg*
kravler i skymmingen med griperne klare
oppover et svaiende hveingras-strå.
Skulle jo vært fint
å komme trekkende heim til tua
med ei stjerne...

(Når kvelden står rød over
Hesteknatten, 1979)

Report from the Grass Roots

I am a little ant.
A quiet falls upon the paths
and the great evening starts to darken in the woods.
All the sensible old wood-ants
must be home long ago
with their pine needles – but *I*
crawl in the twilight, with my pincers ready,
upwards on a swaying blade of bent-grass.
Would be fine, you know,
to come back home to our anthill
dragging a star...

(from *When Evening Stands Red
over Hesteknatten*, 1979)

Til ei ungjente

Så attenårs mjå og mjuk!
Ditt vesne er et vindbøyd strå
der smilets sky grassommerfugl
sitter og vipper skrått med vingene
og skinner for ingen
og alle.

(Når kvelden står rød over
Hesteknatten, 1979)

For a Young Girl

So slim and supple in your eighteen years!
Your being is a wind-bent straw
where your smile's shy grass-butterfly
sits tipping its wings slantwise
and shining for nobody
and everyone.

(from *When Evening Stands Red
over Hesteknatten*, 1979)

Diktet

Jeg var ulærd, grov og grå,
hadde ikke munn til å snakke finprat med,
holdt meg til de upolerte, ru ordene
som brukes i grovtraden.
Men i stutte stunder var hjertet mitt en stein
i livets solbakke: Diktets Apollosommerfugl
slo seg tilfeldig ned på den,
satt der og vippet med blomstervingene.

(Dagen er et brev, 1981)

Poetry

I was unlearned, coarse and drab,
had no mouth for speaking fine talk,
kept myself to the rough, unpolished words
that are used in coarse work.
But for short spells my heart was a stone
on life's sunny hill: Poetry's Apollo-butterfly
settled on it casually,
sat there beating its flower-wings.

(from *The Day is a Letter*, 1981)

Dagen er et brev

Gangstaupa tvers over gransnaret
fram til postkassa ved riksvegen
står alltid oppgått og åpen:
Alle snøfall tråkket ned
av riflete gummistøvelsteg, alle skygger
slitt som ei golvrye, hvert
segl av nattgammel kingeltråd
brutt –
Ennå venter du.
På hva – ?
Dagen er et brev
som aldri kommer.

(*Dagen er et brev*, 1981)

The Day Is a Letter

The path's potholes across the spruce copse
over to the postbox by the highway
always stand well-trodden and open:
All the snowfall trampled down
by the grooved stride of rubber boots, all the shadows
worn like a rag rug, each
seal of night-old spider thread
broken –
But still you wait.
For what – ?
The day is a letter
that never arrives.

(from *The Day is a Letter*, 1981)

Treet som vekser opp-ned

Drømmen er et tre
som vekser opp-ned:

Røttene festet i himmelen,
fine rothår suger
sær grokraft
fra moldmørket mellom stjernene,
mens krona brer ut sine greiner til
en hvileplass for fuglene
i menneskehjertets uendelige rom.

(Dagen er et brev, 1981)

The Tree That Grows Upside Down

The dream is a tree
that grows upside down:

Its roots fastened in the sky,
delicate root-hairs suck
strange nourishment
from the mouldy darkness between the stars,
while its crown spreads out its branches as
a resting place for the birds
in the boundless spaces of the human heart.

(from *The Day is a Letter*, 1981)

Skammens mur

Alle er vi ensomme. Alle
behøver vi hverandre, likevel
er grensen mellom menneske og menneske
altfor ofte lukket og stengt
med rusten piggtråd av mistro.
Hva er det vi så skinnsykt vokter over
der innerst i sinnets mørke?
Våre mugne nederlag? Svakhet
vi kaller styrke? Checkpoint'ene
langs vår indre Berlin-mur?
          Kunne vi bare
åpne grensene for hverandre!
Da ville Krigen dø
og Skammens mur forvitre
under klatrende blomster.
          Dette sier *jeg*
som alltid voktet mine grenser
fra vakttårn av mistenksomhet.

(Frosne tranebær, 1984)

Wall of Shame

All of us are lonely. All of us
need each other; nevertheless
the border between man and man
is far too often closed and blocked
with the rusty barbed wire of distrust.
What is it we guard so jealously
in the innermost darkness of the mind?
Our musty defeats? Weakness
we call strength? The checkpoints
along our inner Berlin Wall?
        If we could only
open the borders to each other!
Then War would die
and the Wall of Shame would crumble
under climbing flowers.
        I say this,
who always guarded my borders
from watch towers of suspicion.

(from *Frozen Cranberries*, 1984)

Tømmerhogger

Ja, *tålmodighet*, ja...
Jeg har målt
Evigheten
med en 5 halvmeters
tørrgran-skant.

(*Ord fra skogene*, 1987)

Woodcutter

Yes, *patience*, that's it...
I have measured
Eternity
with a 5-half-metres'
dead-spruce measuring stick.

(from *Words from the Forests*, 1987)

Gammel skogskar

Han hogg tømmer
i tretti-førti harde vintrer.
Han stanget trottig løs med barkespaden
mot klaka skillingsbork.
Han sov på busu av halm
i usle bakhon-kåker, han åt
gråbeinsild og amerikansk billigflesk
i tider som mennesker i dag
setter sarkastisk i gåseøyne:
"de harde trettiåra..."
Men innerst i tankene hans
brann alltid et trassig lite håp
om solrenning og lysere tider
også for skogens folk.
Tung og traust marsjerte han
under røde faner i vårvinden
mang en kuldskjær 1. mai-dag.
"Opp alle jordens bundne treller...
til siste kamp det gjøres klar..."
I dag skinner velferdssola
liflig over de tusen hjem.
Men skåraflis-makeren fra skogen
han står i skyggen – som før.
Han duger ikke lenger nå,
maskinene har overtatt spillet,
motorsager, beltetraktorer,
larm og bensinos og hurlumhei.
Ingen har lenger bruk for
en lutrygget "overåring"
som tok ut sin beste kraft
med svansen og bågasaga.
"Blir for dyrt, ser du," sier de.

Old Woodsman

He cut timber
for thirty-forty hard winters.
He butted away diligently with his barking spade
against ice-crusted old spruce bark.
He slept on beds of straw
in wretched slab-houses, he ate
big winter herring and cheap American pork
in times that people today
set sarcastically in quotes:
"the hard Thirties..."
But innermost in his thoughts
there always burned a stubborn little hope
of sunrise and brighter times
for the woodspeople, too.
Heavy and reliable he marched
under red banners in the spring wind
many a cold-sharp First of May.
"Up with all earth's bound slaves...
things are ready for the final fight..."
Today the welfare sun shines
blissfully over all Norwegian homes.
But the wood-chip-maker from the woods,
he stands in the shadow – as before.
He's no good any longer now,
the machines have taken over the game,
power-saws, caterpillar tractors,
noise and petrol-stink and hullabaloo.
No one has use any more for
a stoop-shouldered "oldster"
who used up his best strength
with straight and bowed crosscut saws.
"Getting too dear, you see," they say.

Store sosialutgifter på en arbeidskarl i dag,
vi må satse på yngre krefter."
Så står han der med sin vonde rygg
og sine tomme hender,
vraket, forsmedelig skubbet til side.
Strukturrasjonalisering heter det
fint og følelsesløst på papiret.

Gå til arbeidskontoret, gubbe,
og hent din lusete ledighetstrygd.
Det er din bit
av velferdskaka.

Fedrelandet takker deg for innsatsen.

(*Ord fra skogene*, 1987)

"Great social outlay for a working man today,
we must gamble on younger muscles."
So he stands there with his bad back
and his empty hands,
rejected, disgracefully shoved aside.
Structure rationalization, it's called
on paper with callous refinement.

Go the jobcentre, old boy,
and pick up your lousy unemployment pay.
That's your bite
of the welfare cake.

Your country thanks you for your contribution.

(from *Words from the Forests*, 1987)

På evighetens tavler

Ingenting forsvinner. Alt
blir uutslettelig risset inn
på evighetens tavler.
Om bare en fugl flyr gjennom solfallet,
to mennesker veksler noen vennlige ord
ved postkassa en morgen, eller
et spor snør langsomt igjen innpå skogen,
så vil disse små små tingene
bli bevart i den universelle bevisshet
så lenge dagene gryr, i øst,
nettene senker sin nåde over Jorden.

Det finnes en hukommelse i rommet,
en altfavnende kosmisk hukommelse
som opphever Tiden
og forener alle ting
i et eneste stjernehvitt *Nå*.

(*På harmonikk*, 1991)

On Eternity's Tablets

Nothing vanishes. Everything
gets indelibly engraved
on eternity's tablets.
If but a bird flies through the sunset,
two people exchange some friendly words
at the postbox one morning, or
a track snows up slowly by the woods,
then will these very little things
be saved in the universal consciousness
as long as the days dawn in the east,
the nights let fall their mercy over Earth.

There is a memory in space,
an all-embracing cosmic memory
that cancels Time
and joins all things
in a single star-white *Now*.

(from *On a Harmonica*, 1991)

Skogsuset (1)

Skogsuset er som lyden av
en fugl i flukt.
Slag fra de store vingene
av håp og drøm og lengsel
som holder kloden svevende i rommet
trass i den voksende tyngden
av krig og blod
og fortvilelse.

(På harmonikk, 1991)

The Forest Rustling (1)

The forest rustling is like the sound of
a bird in flight.
Flappings from the great wings
of hope and dream and longing
that keeps the earth floating in space
despite the growing heaviness
of war and blood
and despair.

(from *On a Harmonica*, 1991)

Solregn

Vårregnet
trår varsomt i sølvsko
over gusten jord etter snøbråningen.
Symreblomstene langs stien
nikker samtykkende, blygt og hvitt,
når regndråpene rører ved dem.
Så bryter sola brått igjennom,
de gylne gløttene
faller gistent over måsan
gjennom såldet av gyngende bar.
Jeg stanser, løfter ansiktet mot lyset.
Lukker øynene. Da
er det som jeg ser og sanser
vårere, ømmere, inn i svarløsheten
bakenfor sol og stjerner.
Været, all slags vær –
har rommets grenseløse vesen.
Snur du øret mot vinden
og lytter med hele ditt hjerte,
da hører du granngivelig
Gud puste.

(*På harmonikk*, 1991)

Sunrain

The spring rain
treads cautiously in silver shoes
over the pallid ground after the thaw.
The anemone blossoms along the path
nod approvingly, shy and white,
when the raindrops touch them.
Then the sun breaks through suddenly,
the golden rifts
fall brokenly over the bog
through the sieve of swinging evergreen.
I stop, lift my face to the light.
Close my eyes. Then
it's as if I see and sense my way
more sharply, tenderly, into the speechlessness
behind the sun and stars.
The weather, each kind of weather,
has space's boundless being.
If you turn your ear to the wind
and listen with all your heart,
then you will hear distinctly
God breathing.

(from *On a Harmonica*, 1991)

Dompap

Dompap på foringsbrettet!
Et usvikelig sikkert varsel
om meir snø med det første,
men det får ikke hjelpe,
dompapen er min kjæreste fugl
i norsk vinterfauna,
en bevinget hilsen fra sola.
Jeg velsigner sikkefrøene
og henne som strødde dem ut
slik at solfuglen min kom på besøk.
Blir stående lenge ved vinduet og se,
det nedsnødde, livløst kalde landskapet
og så – overrumplende brått –
dette varmt røde fuglebrystet.
Det er som om hele snøvinteren –
dette boreale vanviddet av fykende hvitt –
stanser opp et øyeblikk,
står og varmer sine blodløse spøkelseshender
ved denne bittelille flammen av farge og liv.

(På harmonikk, 1991)

Bullfinch

Bullfinch on the feeding tray!
A sure and certain warning
of more snow coming soon,
but that can't be helped:
the bullfinch is the bird I love most
in Norway's winter fauna,
a winged greeting from the sun.
I bless the sunflower seeds
and her who strewed them
so that my sun-bird came for a visit.
Stand there long at the window looking:
the snow-covered, cold and lifeless landscape
and then – with unexpected suddenness –
this warm red breast of a bird.
It is as if the whole snowy winter –
this boreal madness of blowing white –
stops still a moment,
stands warming its bloodless, ghostly hands
at this tiny wee flame of colour and life.

(from *On a Harmonica*, 1991)

Kråka

Den gamle kråka,
oskegrå og lurvete, lågbeint
i hinkende hopp over halmstubben
på en rålendt liten åkerlapp ved vegen.
Hver dag, hver jordtunge dag
den samme evindelige jakten
på frost og tordiveler
og annet smått av jordisk jord-liv.
Og så – sjokk sjokk sjokk av gistne, trøtte vinger
på flukt mot nærmeste skogbryn
mens høgdene ute i synsranda
hildrer i det fjerne, lokkende
som blå rop mot himmelen.

(*På harmonikk*, 1991)

The Crow

The old crow,
ash-gray and shabby, short-legged
in its hobbling hop over the stubble of straw
on a small, soggy patch of field by the road.
Each day, each earth-heavy day
the same everlasting hunt
for frog and dung beetle
and other small earthly earthlings.
And then – flap, flap, flap of tired, dilapidated wings
flying towards the nearest forest edge
while the heights on the horizon
loom larger in the distance, luring
like blue calls against the sky.

(from *On a Harmonica*, 1991)

Stjernestund

Det lukter nysnø
av stjernelyset. Jeg sitter
med svart myrjord på støvlene,
sitter under syngende graner
og hører mitt hjerte oversette for meg
stillhetens ordløse språk:
– Frykt ikke
din stundende kveld.
Det virkelige livet
venter deg i vest
bakom alle solefall,
en lykkelig heimkomst
til livet før du ble født.
Du må bare
dø deg igjennom
et jordtrukkent menneskeliv først.

(På harmonikk, 1991)

A Moment of Stars

The starlight smells
of new-fallen snow. I sit
with black bog-earth on my boots,
sit beneath singing spruces
and hear my heart translate for me
the wordless speech of the silence:
"Don't fear
your coming evening.
The real life
awaits you in the west
behind all sunsets,
a happy homecoming
to the life before your birth.
You must simply
die your way through
an earth-drawn human life first."

(from *On a Harmonica*, 1991)

Høstnatt på Fjellskogen

Et mørkt søg av
spaknende vind
innover alle moer,
mjukt gyngende bar.
Jorda liksom stiger og stiger
løftende inn i himmelen.
Så stilner det brått. Det er som når
heisen gjør holdt
et sted høgt oppe i etasjene og
du uvilkårlig tar et steg bakover
for å holde balansen.
Alt synker hen i
en øredøvende stillhet.

Det lukter svidd lys i mørket.
Er vi allerede framme?
Skal jeg stige ut i stjerneskjæret
uten håndbagasje?
Bare med et hjerte i bringa,
et fredløst hjerte
tungt av mørkt blod.

(*På harmonikk*, 1991)

Autumn Night in the Mountain Woods

A dark humming of
subsiding wind
across each moor,
softly swinging sprigs of pine.
The earth seems to climb and climb,
lifting into the sky.
Then suddenly there's calm. As when
the elevator halts
somewhere on the higher floors and
you take instinctively a backward step
to keep your balance.
Everything sinks away in
an ear-splitting silence.

It smells of burned-out candle in the darkness.
Are we already there?
Shall I climb out into the starlight
without hand-luggage?
Only with a heart in my breast,
a restless heart
heavy with dark blood.

(from *On a Harmonica*, 1991)

Traneskrik

Langt innpå øde myrer
skriker ei trane.
Nå
som dagen allerede sturer
mot første snøfallet
skriker ei trane
så skurrende kaldt og vilt
som hadde fuglen
ei skarp froststjerne
iset fast i strupen.

Og jeg veit med meg sjøl at
dette skriket
vil alltid komme til å følge meg,
alltid,
fordi den skaskøtne flyttfuglen
holder til i vegløse ødemarker
djupt inne i meg.

(*På harmonikk*, 1991)

Crane Cry

Far into desolate bogs
a crane cries.
Now
even as the day sinks sadly
towards the first snowfall
a crane cries
with so cold and wild a grating sound,
as if the bird had
a sharp frost-star
iced fast in its throat.

And I know within me that
this cry
will always be there with me,
always,
for that wounded bird of passage
lives in roadless desolations
deep inside.

(from *On a Harmonica*, 1991)

Å bli gammel

Det er grått å bli gammel,
ubotelig og ensomt
som reveskabb.
Og det verste er at
du aldri klarer å slite over
den langtøyde navlestrengen
som binder deg til dine unge år.

Plutselig kan du gripe deg i
å springe barføtt i graset
og hoppe i kåte sprett
over barndommens muntre vårbekker
skjønt du i virkeligheten sitter på en stein
og støtter haken til krokstaven
og kjenner slitasjegikta rive i
gamle, stabbetunge bein.

(Siste dikt, 1991)

Growing Old

Growing old is a dreary business,
incurable and solitary
like fox-mange.
And the worst thing is that
you never manage to rip in two
the far-stretched navel cord
that binds you to your youth.

Suddenly you can catch yourself
bounding barefoot in the grass
and leaping in wild jumps
over childhood's merry brooks of spring,
though you're really sitting on a stone
and supporting your chin on your curved-top cane
and feeling osteoarthritis tear at
old, trudge-heavy feet.

(from *Last Poems*, 1991)

Å skrive dikt

Nei da – det er ikke *vanskelig* å skrive dikt,
det er umulig.
Tror du jeg ellers hadde holdt på med det
i over 40 år?

Prøv bare, prøv
å sette vinger på en stein, prøv
å følge sporet etter en fugl
i lufta.

(*Siste dikt*, 1991)

Writing Poetry

Not at all: it's not *difficult* to write poetry –
it's impossible.
Otherwise, do you think I'd have kept at it
for over 40 years?

Try, just try
to put wings on a stone, try
to follow the track of a bird
in the air.

(from *Last Poems*, 1991)

Hans Børli

Hymne til solnedgangen

Jeg har ikke sett
kunstskattene i Eremitasjen
eller Vinterpalasset i Leningrad,
ikke Louvre-samlingene, ikke
Musée d'Art Moderne i Paris,
men jeg har sett sola gå ned
over Hesteknatten.
I dager med lettskyet vær
henger kveldshimmelen ut
en østerlandsk eventyrprakt:
Ultramarin, sinober, oker og gull,
alle fargene på Guds palett
toner sammen i en overjordisk velklang
vest over disblå, tankefulle skoger.
Det er rart å tenke på at
bakenfor denne overdådige himmelranda
fins bare skrinne furuåser, tjennsputter,
storrblakke myrdrag innover mot
Fjellskogen
der minnene fra min barbeinte barndom
lyser bleikt som skogfioler
langs strendene av Børen sjø.

Å ja, – du drømmer vakkert,
mitt fattige land. Du løfter
jordens mørke, stienes mumlende tungsinn,
blommer og fuglesang – alt
løfter du i lys av legende
opp i himmelen.

(*Siste dikt*, 1991)

Hymn to Sundown

I haven't seen
the art treasures of the Hermitage
or the Winter Palace in Leningrad,
nor the Louvre's collections, nor
the Musee d'Art Moderne in Paris,
but I have seen the sun go down
over Hesteknatten Hill.
On days with a light overcast
the evening sky hangs out
the splendour of an oriental fairytale:
Ultramarine, cinnabar, ochre and gold,
all the colours on God's palette
sound together in a celestial harmony
westwards over mist-blue, pensive forests.
It is strange to think that
behind this sumptuous skyline
are only rough pine ridges, puddle-size lakes,
sedge-pale marshes stretching in towards
Fjellskogen Forest
where the memories from my barefoot childhood
glow pale as woodland violets
along the shores of Boren Lake.

Oh yes – you dream beautifully,
my poor land. You lift
the earth's darkness, the paths' mumbling sadness,
flowers and birdsong –
you lift it all in light of legend
up into the sky.

(from *Last Poems*, 1991)

Det er ei slik natt

Det er ei slik natt
da skodda hviler hvit over bekkedrågene
og vinden samtaler med regnslåtte åkrer
om døden.
Selv går jeg gjennom stillheten
og trekker livet mitt etter meg i
en rusten lyd av grus. Veiviseren
med avblomstrete tistler rundt foten
vet heller ingen vei.

Det er ei slik natt
da ensomheten står med ryggen vendt
                              mot alt
og ansiktet frosset fast i vesthimmelen.

(Siste dikt, 1991)

It Is One of Those Nights

It is one of those nights
when the mist rests white above the brook beds
and the wind talks with rain-swept fields
about death.
Myself, I walk through the silence
and drag my life after me with
a hoarse gravelly sound. The signpost
with withered thistles around its base
also knows no way.

It is one of those nights
when loneliness stands with its back turned to
                                            everything
and its face frozen fast in the western sky.

(from *Last Poems*, 1991)

Ensomhet

1.
Jeg planter et skrik
på de nordlige høgder
der himmelen står mørk som jern.
Jeg planter et skrik,
og ser min innestengte smerte
briste ut i
blomst – en rød villvalmue
på nordlysets kalde åkrer.

2.
Djupt i mørket mellom stjernene,
midt i den ytterste ensomhet,
er menneskehjertene alltid sammen,
slik trerøttene i jorda
rører ved hverandre og skjelver
når stormtakene griper i skogen.

Ja – ensomheten er
menneskehjertets eneste
ubrytelige fellesskap.

(Siste dikt, 1991)

Loneliness

1.
I plant a scream
on the northern heights
where the sky stands dark as iron.
I plant a scream,
and see my pent-up pain
burst into
blossom – a red, wild poppy
in the northern lights' cold fields.

2.
Deep in the darkness between the stars,
amidst that outermost loneliness,
human hearts are always together,
the way tree roots in the earth
touch each other and tremble
when storms seize hold of the woods.

Aye – loneliness is
the one unbreakable fellowship
of human hearts.

(from *Last Poems*, 1991)

AMALIE SKRAM

Lucie

(translated by Katherine Hanson & Judith Messick)

This novel from 1888 tells the story of the misalliance between Lucie, a vivacious dancing girl from Tivoli, and Theodor Gerner, a respectable lawyer from the strait-laced middle-class society of nineteenth-century Norway.

Having first kept her as a mistress, Gerner is so captivated by Lucie that he marries her, only to discover that his project to turn her into a demure housewife is continually frustrated by her irrepressible sensuality and lack of breeding. What had made her alluring as a mistress makes her unacceptable as a wife.

ISBN 9781909408081
UK £11.95
(Paperback, 170 pages)

HELENE URI

Honey Tongues

(translated by Kari Dickson)

The honey tongues of the title belong to four friends in their thirties who have known each other since school. They make up a 'sewing circle' where no sewing is done, but much exquisite food is lovingly prepared and consumed and increasingly bitchy gossip exchanged.

The novel follows their three-weekly meetings over six months, as they take turns to entertain each other; we are privy to their thoughts and memories and discover how apparently innocent actions are motivated by emotional hang-ups with their roots in childhood traumas. The tension builds towards a gourmet trip to Copenhagen to celebrate their friendship, where during an eight-course meal the masks drop and undisguised fear and loathing are revealed. Shocking secrets are unearthed as the balance of power subtly shifts from one member of the group to another. Brilliantly observed, this is female bonding at its worst, manipulative and psychotic, exposing the dependency and deceit behind the compassionate and affectionate façade.

ISBN 9781870041720
UK £9.95
(Paperback, 192 pages)

AMALIE SKRAM

Fru Inés

(translated by Katherine Hanson and Judith Messick)

Fru Inés is a city novel, vividly evoking the sights, sounds and smells of nineteenth-century Constantinople. The city is a hub, a meeting point of East and West, where privileged Europeans enjoy a cossetted existence screened from the tumult and misery of the streets. One of the privileged is Inés, a Spanish Levantine from Alexandria, whose marriage to a Swedish consul has brought her a life of enviable luxury; but behind the polished façade she is lonely and unfulfilled, trapped in a loveless marriage. Her yearning for passion leads her to embark on an affair with a naïve young Swede, Arthur Flemming; but their love is threatened from the start by portents of disaster and the threat of discovery, and Inés is inexorably drawn to seek rescue from the sordid dealers from whom she had been so careful to keep aloof.

ISBN 9781909408050
UK £11.95
(Paperback, 170 pages)

JONAS LIE

The Family at Gilje

(translated by Marie Wells)

Captain Jæger is the well-meaning but temperamental head of a rural family living in straitened circumstances in 1840s Norway. The novel focuses on the fates of the women of the family: the heroic Ma, who struggles unremittingly to keep up appearances and make ends meet, and their eldest daughter Thinka, forced to renounce the love of her life and marry an older and wealthier suitor. Then there is the younger daughter, the talented and beautiful Inger-Johanna, destined to make a splendid match – but will the captain with the brilliant diplomatic career ahead of him make her happy? With great empathy and affection for each member of the family Lie evokes the tragedy of hopes dashed by the harsh social and economic realities of the day, and the influence of one person who dares to think differently. Both in the landscape and in the characters the wildness of nature is played out against the constraints of culture.

ISBN 9781870041942
UK £14.95
(Paperback, 210 pages)

Printed in April 2022
by Rotomail Italia S.p.A., Vignate (MI) - Italy